누·구·나·쉽·게·배·우·는
전통생활매듭
― 초급편 ―

동행

|발|간|에|부|쳐|

전통생활매듭의 교재를 발간하며

    한국의 혼은 전통적 대물림으로 이어져왔으며 이를 바탕으로 계승 발전시키고자 하는 사람들로 하여금 그 맥을 유지하고 있다.
    현대문명이 발달하는 과정에서 그 전통의 맥을 이어가고자 하는 단체인 (사)한국전통생활매듭협회가 주어진 사명을 감당하기 위하여 「전통생활매듭」 초급편을 발행하게 되었다.
    핵가족의 분화로 인하여 덕을 중요시하는 한국의 얼은 효를 바탕으로 가족 사회가 구성되는 것이며, 나아가서는 사회 국가가 존립한다 하겠다.
    전통매듭과 생활매듭의 조화로운 발전은 단체를 구성하여 연구와 노력의 결실로 마침내 남녀노소 그 누구나 손쉽게 따라 만들 수 있도록 제작하였다. 또한 전통생활매듭협회는 이를 계기로 전국의 지회와 지부를 설립하여 교육에 힘쓰고 있으며 전통생활매듭교육원 산하의 연구소에서 전통생활매듭의 보급에 앞장서고 있다.
    21세기를 준비하는 대한민국의 미래는 밝다.
    따라서 유치원부터 초등부, 청소년과 성인에 이르기까지 잠재된 두뇌를 깨우고 계발시키는 동시에 집중력을 향상시킬 수 있는 원천이라 하겠다.
    앞으로도 본 협회에서 〈중급편〉〈고급편〉을 완성하여 발간을 앞두고 있으며 우리 생활과 밀접한 도구를 변형시켜 매듭과 조화를 이룰 수 있도록 교과서 중심으로 제작하였다.
    본 교재는 학습효과와 삶에 정서적 함양, 그리고 지능발달에 도움이 된다 하겠다.
    앞으로도 전통생활매듭 교재를 지속적으로 연구 개발하여 편찬할 예정이다. 대한민국의 미래는 우리의 책임이며 전통을 계승 발전시키는 업무도 우리의 의무이며 책임인 것이다.

(사)한국전통생활매듭협회
이사장 **정 욱**
회 장 **박광옥**

|저|자|의|한|마|디|

한국 고유의 멋, 매듭

　한국의 고유한 멋인 통매듭을 1982년 입문하면서 고풍스럽고 우아한 아름다운 매듭작품에 매료되었다. 그 뒤 어떻게 하면 남녀노소 누구나 매듭을 할 수 있을까 고심하게 되었다. 전통매듭의 특징을 간직하면서 어렵다, 비싸다를 연구하면서 우리의 전통매듭과 생활매듭의 조화를 이룰 수 있도록 연구를 계속했다. 세계 여러나라 매듭 자료를 수집하였고, 남녀노소 누구나 좁은 공간에서도 쉽고 저렴하게 다양한 생활소품을 만들어 활용하고 신체 부분에 착용할 수 있도록 연구와 노력과 체험을 통해 매듭을 완성해 갔다.

　전통생활매듭은 일반인은 물론 자라나는 어린이와 청소년들에게 높은 교육적 가치와 특히 정신적, 신체적, 장애인의 재활치료에 많은 도움이 됨을 경험하게 되었다. 해서 생활매듭의 교육과정을 여성회관, 사회복지관, 다문화단체, 평생학습관, 문화원, 도서관, 요양원, 직업전문학교, 특수학교 및 초, 중, 고등학교 특성화 교육현장에서 다양하게 수업을 하였다.

　교사와 교육생, 정신적, 신체적 장애를 가진 분들과 일반인들에게 호응이 매우 좋았으며 매듭은 삶에 있어서 가장 기본이 된다고 생각하게 되었다.

　생활매듭은 우리의 전통문화를 계승 발전시키는 과업이며 동시에 외국인들에게는 더욱 큰 관심과 호응의 대상이 되었다. 특히 여성의 사회활동을 증진시키는 현 시대에 일정한 교육을 이수하면 검정시험을 거쳐 〈매듭자격증〉을 취득함으로써 다양한 창업과 교육기관과 복지시설에 취업이나 강사로 활동할 수 있으며, 노후대책으로도 손색이 없을 만큼 생활매듭은 교육적 가치와 예술, 상품적 가치가 크다고 인정받게 되었다. 이러한 뜻에서 매듭교육의 효과적 보급을 위해 미흡하나마 〈초급편〉교재를 발간하게 되었다.

　(사)한국전통생활매듭협회 매듭문화교육원에서 교재로 활용하고 있으며 전국 서점에서 구입하여 혼자서 배울 수 있고 강사를 통하여 더 많은 전통생활매듭을 습득할 수 있다. 이제 한국전통문화의 계승과 발전에 기어코자 한다.

저자 **최덕순**

|추|천|사|

전통생활매듭의 아름다움

　웰빙시대를 만나 많은 이들이 건강을 염려하고 강조한다. 어린아이로부터 청년, 장년, 노년에 이르기까지 건강하게 사는 비결들이 많은 분야별로 계속 연구되고 있다. 전통생활매듭 또한 여기에 한 몫을 차지하는 분야인 것 같다. 끈을 통해 손과 발과 온몸 등 뇌를 사용하며 오감각이 모두 총동원되는 것이 '매듭'이라고 아는 사람은 많지 않은 것 같다.
　'매듭이란? 끈을 이용하여 뭔가 잡아매어서 마디를 이루는 것'을 말한다.
　잡아매기만 하면 생각대로 사람, 동물, 식물 모두 다 어떤 형체가 만들어지며 사람들의 창의력은 무한하여 계속 새로운 모양이 창출된다.
　매듭체험을 통해 남녀노소, 유치부부터 성인에 이르기까지 끈을 몇 번 잡아 묶어 작품이 만들어지는 모양에 감탄하며 좋아하는 것을 보았다.
　매듭은 인류 역사가 시작되면서부터 생활에 밀접한 관계가 있었을 것이라 생각되며 우리나라 전통매듭의 역사는 삼국시대로 거슬러 간다. 매듭은 오랜 세월을 거쳐 현대사회로 오면서 많은 사람들이 묶고, 풀고 하며 호기심이 더욱 유발 지속되어 참 많이 발전된 모습을 본다.
　내가 처음 최덕순 원장을 만난 지는 한 10년이 넘은 듯하다. 손재주가 참 좋은 사람이다. 한국전통매듭과 생활매듭의 조화를 이루며 전통생활매듭을 연구해오다 매듭에 더욱 매료되었단다.
　생활매듭은 퓨전적인 매듭 즉 우리의 전통매듭을 연구 노력 발전시켜 생활과 접목하여 사단법인 한국전통생활매듭협회를 창립하였으며, 정욱 이사장님과 박광옥 회장님의 배려로 전통생활매듭이 발전하고 있다. 세계 속의 한국의 얼을 살리며 그 전통생활매듭의 보급에 앞장서는 저자는 전통생활매듭교육원에서 후진을 양성하여 매듭자격강사를 배출하기에 이르렀으며 교육과정의 단초가 될 〈초급편〉 교재를 만들었다는 소식은 정말 놀랍다.
　이 책을 통해 많은 제자들이 배출되어 온 국민들이 생활매듭에 많은 관심과 사랑이 싹트길 바라며 나아가 대한민국을 세계에 알리는 큰 밑거름이 되기를 바라는 마음이다.

前 숙명여대 교수 문금선

초급 과정

학습 내용	준비물	페이지	학습 내용	준비물	페이지
외도래	매듭끈(60cm 2줄), 자동핀대, 목공용 본드, 글루건, 가위		옭매듭	매듭끈(100cm 2줄), 중심끈(20cm 1줄), 구슬, 본드, 가위	
반얽힘	매듭끈(90cm 2줄), 링, 핸드폰고리, 본드, 가위		원형정자	매듭끈(80cm 2줄), 구슬, 본드, 가위	
사슬	매듭끈(150cm 2줄), 구슬, 본드, 가위		운동화 끈매기	매듭끈(100cm 1줄), 구슬, 본드, 가위	
귀도래 (8자)	귀도래 : 매듭끈(160cm 2줄), 구슬, 본드, 가위 8자 : 매듭끈(300cm 1줄), 구슬, 본드, 가위		가락지	매듭끈(50cm 2줄) 연습용 – 작품(빨강 : 50cm, 주황·노랑· 초록·파랑·남색· 보라 : 각 90cm, 은색 : 280cm 이상, 검정 : 540cm), 구슬, 본드, 가위, 송곳	
전복	매듭끈(150cm 2줄), 구슬, 본드, 가위		삼각생쪽	매듭끈(50cm 2줄), 구슬, 본드, 가위	
삼각 동심결	매듭끈(90cm 2줄), 큐빅, 머리끈, 본드, 가위		묘오가	매듭끈(90cm 1줄), 구슬, 본드, 가위, 귀걸이핀	
세줄꼬기	매듭끈(60cm 9줄 2색) (연한색 – 조금더 굵은 끈 3줄, 진한색 6줄), 머리띠, 본드, 가위, 테이프		합장	매듭끈(90cm 2줄), 핸드폰고리, 링, 본드, 가위	
나사선 반옭매듭	중심끈(90cm 1줄), 원줄(350cm 2줄), 구슬, 본드, 가위		응용작품	매듭끈(450cm 2줄), 구슬, 본드, 가위	

전통생활매듭

외도래(자동핀)

준비물

매듭끈(60cm 2줄)
자동핀대
목공용 본드
글루건
가위

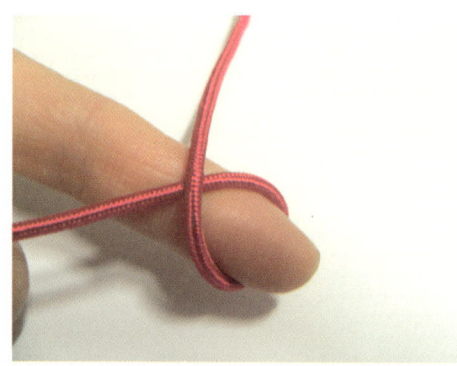

01
왼손 검지손가락에 원을 만들면서 감는다.

02
왼손 검지손가락을 뺀 다음 원 왼쪽에서 오른쪽 안으로 넣어 당긴다.

03
한 번 감은 한줄도래 완성

04
왼손 검지손가락을 왼쪽으로 두 번 감아준다.

05
왼손 검지손가락을 두 원이 틀어지거나 풀리지 않도록 뺀 다음 끈을 왼쪽에서 오른쪽으로 두 원을 통과한다.

06
③번과 같은 방법으로 두 원이 틀어지거나 풀리지 않도록 모양을 만들면서 당겨 줄인다. 두 번 감은 한줄도래 완성.

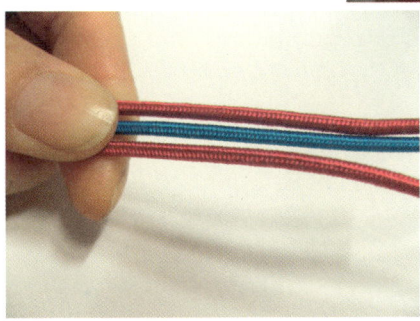

07
〈작품〉
진분홍 끈은 접어서 긴 끈을 아래쪽에 오도록 하고 파랑끈을 접은 진분홍끈의 가운데에 오도록 잡는다.

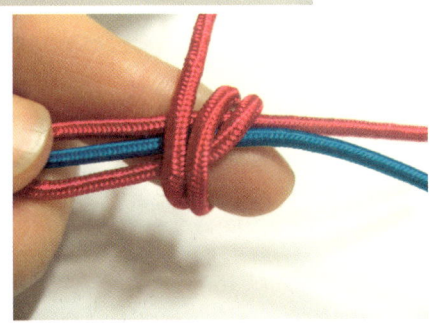

08
아래 빨강의 긴끈으로 왼손검지와 긴 파랑끈과 짧은 빨강끈을 함께 두 번 감은 원을 만든다.

09
빨강 긴끈을 만든 두 원 안으로 통과한다.

10
빨강끈을 당겨서 빨강끈 끝줄의 위치가 위로 바뀌도록 한다.

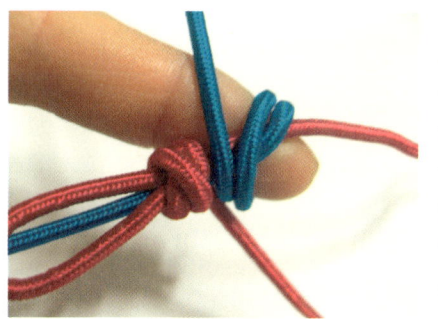

11
파랑끈으로 왼손 검지 손가락과 진분홍 끈의 긴줄만 ③번과 ④번처럼 감아 묶고 두 번 감은 한줄도래 모양이 되도록 줄인다.

12
도래는 매듭을 했을 때 항상 끈의 위치가 바뀐다. 다음 파랑 도래에 빨강 도래를 붙여 당겨 줄인다.

13
같은 방법으로 원하는 수만큼 도래를 만든다.

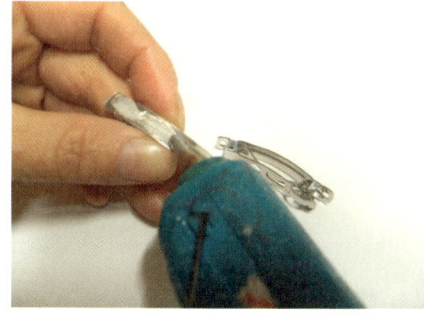

14
자동핀대에 글루건을 사용하여 작품을 붙여 완성한다.

전통생활매듭

반얽힘(핸드폰고리)

준비물

매듭끈(90cm 2줄)
링
핸드폰고리
본드
가위

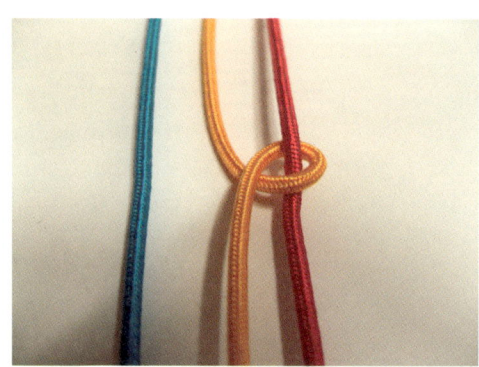

01
오른쪽 빨강색 끈을 기둥으로 삼고 가운데 노랑끈으로 빨강색 끈을 감는다.

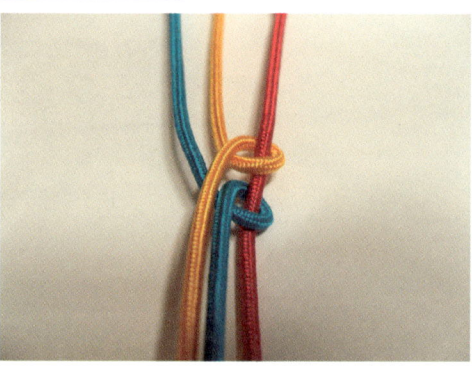

02
기둥을 감은 노랑끈은 위쪽에 두고 아래쪽에 있는 파랑끈으로 빨강끈을 감는다.

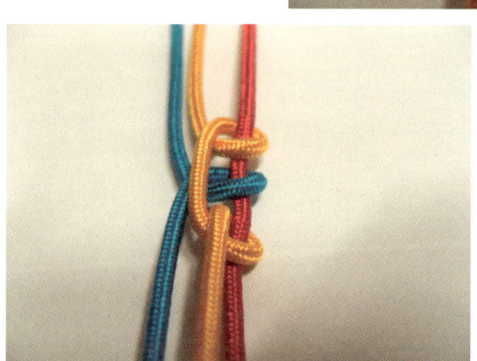

03
노랑끈으로 빨강끈을 파랑끈 위쪽에서 감는다.

04
같은 방법으로 파랑끈으로 빨강끈을 노랑끈 아래쪽에서 감는다.
계속 번갈아 숙지한다.

05
⟨작품⟩

링에 두 색깔의 끈을 약 10cm 정도 남기고 함께 묶는다.

06

①번~④번과 같은 방법으로 링을 감는다.

07

①번~④번과 같은 방법으로 링 전체를 감아서 가장자리가 분홍색이 보이도록 매듭한다.

08
⟨앞면⟩

맨 아래쪽 분홍끈으로 나머지 세 가닥을 기둥으로 두 번 감은 한줄도래를 하여 줄인다.

09
〈뒷면〉

10
세 줄을 함께 잡고 두 번 감은 한줄도래를 한다.
네 가닥의 끈에 각각 두 번 감은 한줄도래를 한다.

11
도래 끝 부분을 가위로 자른다.

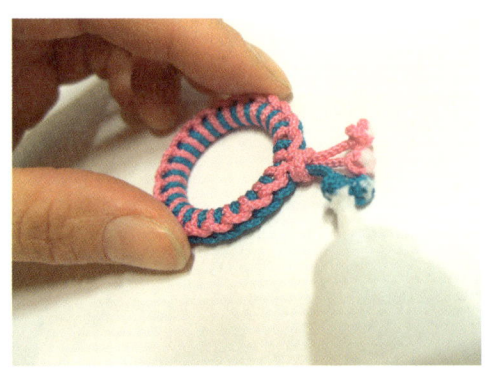

12
자른 부분을 목공용 본드로 풀리지 않도록 넉넉히 바르고 고리를 끼워 완성한다.

13
〈완성〉

전통생활매듭

사슬매듭(발찌)

준비물

매듭끈(150cm 2줄)
구슬
본드
가위

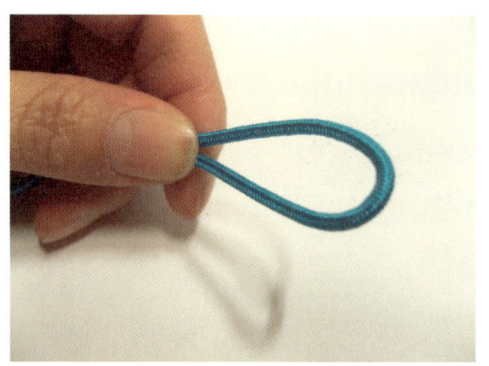

01

파랑색 끈을 접어서 고리를 만든 다음 오른손으로 고리를 옮겨 잡는다.

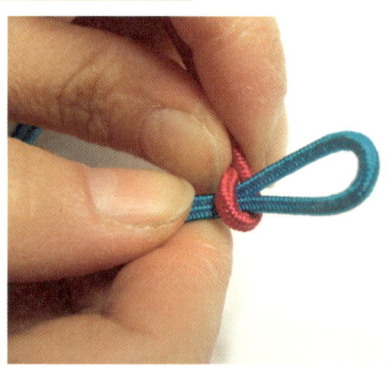

02

빨간색 끈으로 파랑색 고리를 앞쪽에서 뒤쪽으로 감아 가까이 잡는다.

03

파랑색 고리에 빨강끈을 접어 넣고 파랑색 끈을 당겨 줄인다.

04

빨강색 고리에 파랑색 끈을 접어 넣고 빨강색 끈을 당겨 줄인다

05
같은 방법을 연속하여 숙지한다

06 〈작품〉
두 끈을 함께 잡고 빨강끈으로 두 번 감은 한줄도래를 한 개나 두 개 정도 한다.

07
1.5cm 정도 남기고, 파랑끈으로 다시 두 번 감은 한줄도래를 한다.

08
빨강끈으로 빨강 기둥을 만들고 빨간 기둥을 파랑끈으로 앞에서 뒤로 감는다.

09
빨강 고리에 파랑끈을 접어 넣고 빨강끈을 당긴다.

10
같은 방법으로 발목 두께만큼 계속 반복한다.

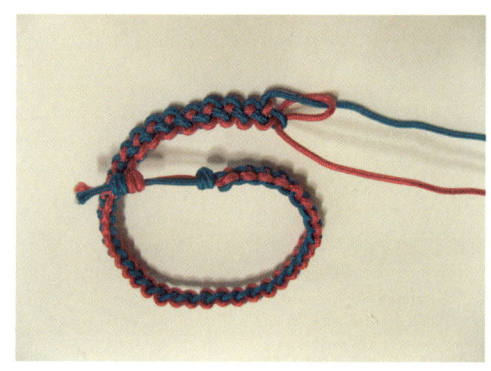

11
마지막 빨간 고리에 파랑끈을 통과시킨 다음 빨강 고리를 줄인다.

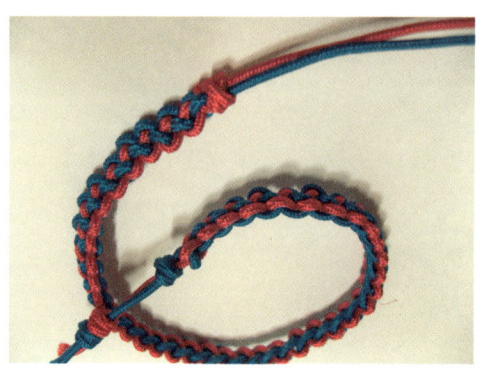

12
두 번 감은 한줄도래를 한 다음 두 줄에 나무구슬을 끼운다.

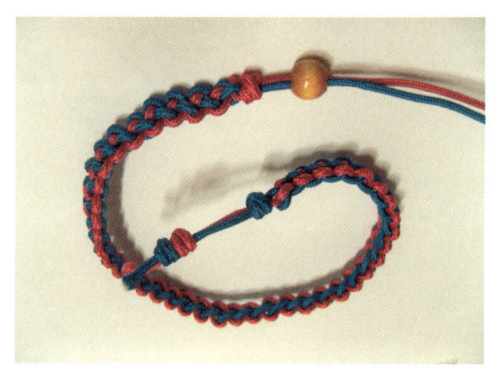

13
나무구슬에서 0.5cm 정도 남기고 파랑색 끈으로 두 번 감은 한줄도래를 한다.

14
〈완성〉
필요 없는 부분을 자르고 목공용 본드를 넉넉히 바른다.

전통생활매듭

귀도래(팔찌)

준비물

매듭끈(160cm 2줄)
구슬
본드
가위

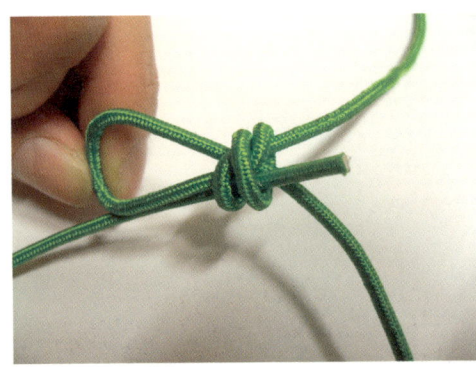

01

1줄을 반 접어서 두 번 감은 한줄도래를 하여 아래쪽에 있는 끈을 왼쪽에서 오른쪽으로 그림과 같이 끼워서 줄인다.

02

반대쪽에 있는 끈도 ① 번과 같은 방법으로 끼워서 줄인다.

03

귀도래 완성

04

두 번 감은 한줄도래를 한 다음 귀를 만들기 전에 한 번 감은 한줄도래를 한다. 반대쪽도 같은 방법으로 도래를 한다.

05
양쪽을 ③번처럼 귀를 만든다.

06
한 번 감은 한줄귀도래 완성.

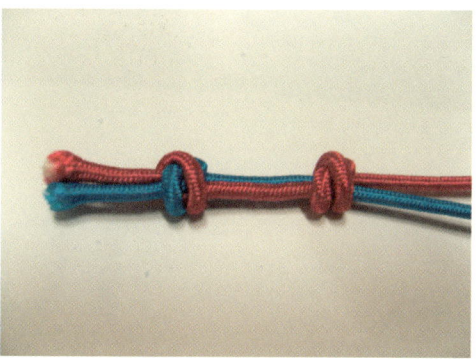

07
〈작품〉

도래를 한 후 1.8cm 정도 남기고 다시 도래를 한다.

08
1.8cm 남기고 파랑으로 도래를 하고 빨강으로 다시 도래를 한 후 귀를 만든다.

09

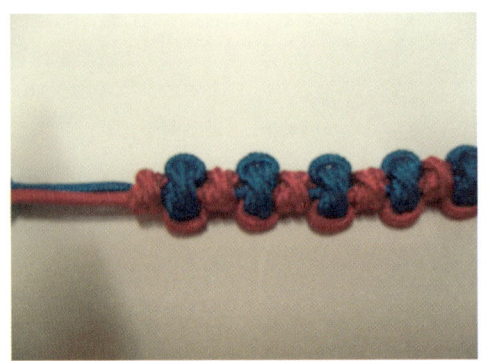

도래와 귀도래를 손목 두께만큼 번갈아 매듭한다.

10

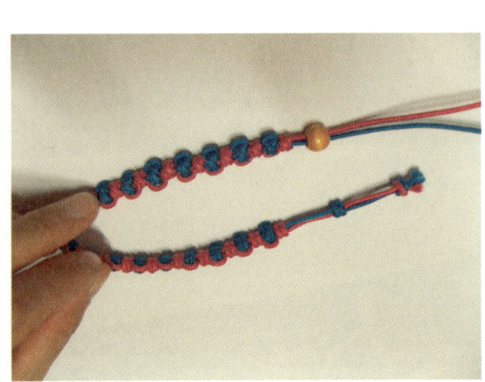

나무구슬을 끼우고 0.5cm 남기고 도래를 한 다음 도래를 하고 마무리한다.

11

〈팔찌 완성〉

전통생활매듭

8자(목걸이)

준비물

매듭끈(300cm 1줄)
구슬
본드
가위

01

왼쪽 끈을 약간 남기고 사진과 같이 긴끈으로 타원형을 만들어 왼쪽 끈을 감아서 원안으로 빼준다.

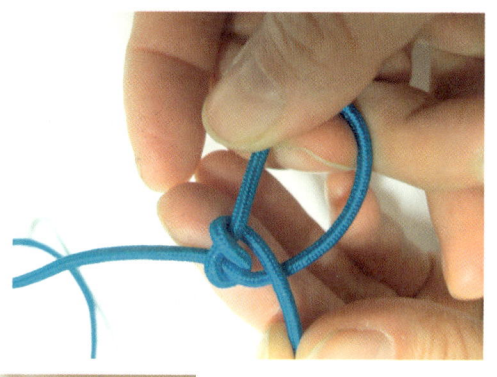

02

원의 오른쪽 끈을 위에서 아래로 감아 원 안으로 뺀다.

03

같은 방법으로 타원형 왼쪽 끈을 감아서 원 안으로 뺀다.

04

같은 방법으로 타원형 양쪽을 네번씩 번갈아 감은 후 시작 끈을 당기면 원의 크기가 작아진다.

05
8자매듭 완성

06

<작품>

300cm 끈을 준비하여 110cm 정도 남기고 긴 끈으로 약 8cm 정도되는 타원형을 만들고 ⑦번~⑩번과 같은 방법으로 10번씩 감아준다.

07
110cm 정도 남긴 끈을 당겨서 원을 만들어 매듭한 부분이 중앙이 되도록 끈을 남긴다.

08
양쪽 끈에 원하는 수만큼 나무구슬을 끼운다.

09
8자매듭 끝부분에서 약 7cm 정도 남기고 3~4번 감은 8자매듭을 만들어 준다.

10
3~4번 감은 8자매듭에서 8cm 남긴다.

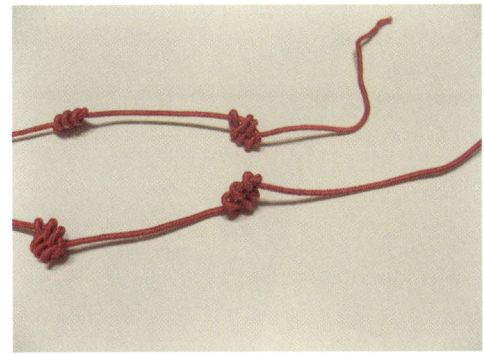

11
다음은 9cm 정도 남기고 3~4번 감은 8자매듭을 한다.

12
끝줄을 양쪽으로 교차해서 잡고 끝줄로 두 번 감은 한줄도래를 한다.

13
반대쪽도 두 번 감은 한 줄도래를 한다.

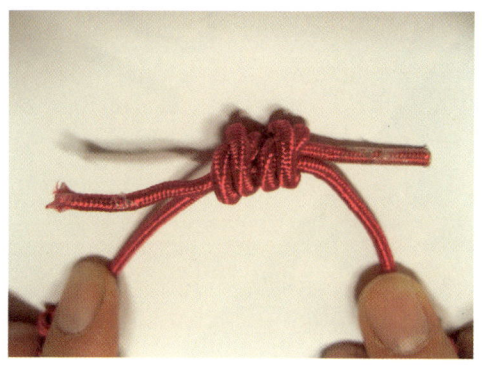

14
양쪽 끝을 자르고 마무리한다.

15
남은 끝줄의 길이에 따라서 여러 번 감은 한줄도래 를 할 수 있다.

16
〈완성〉

전통생활매듭

전복(책갈피)

준비물

매듭끈(150cm 2줄)
구슬
본드
가위

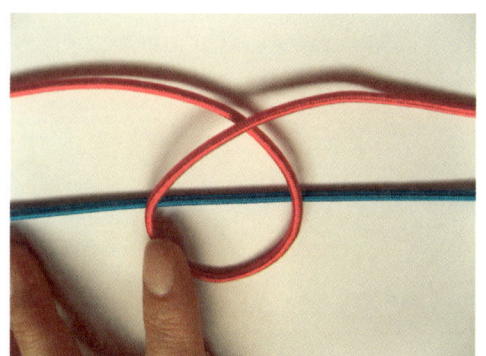

01
오른쪽 끈으로 왼쪽 끈 위에 아래에서 위쪽으로 동그라미를 만든다.

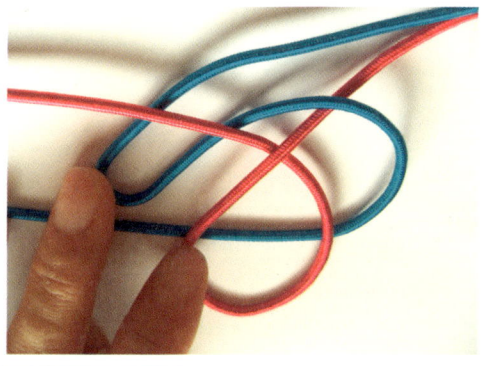

02
왼손으로 동그라미가 풀리지 않도록 고정하고 왼쪽 끈을 접어서 동그라미 위쪽 끈을 아래로 뜬다.

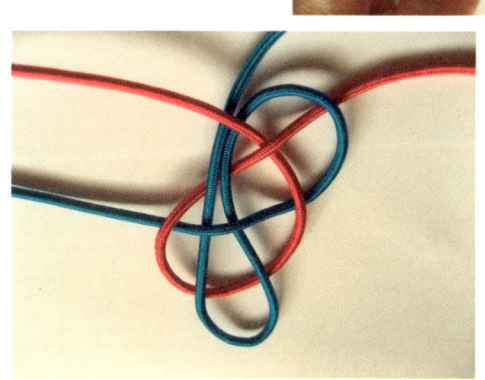

03
동그라미 아래쪽 안에 있는 파랑끈을 ②번처럼 뜬다.

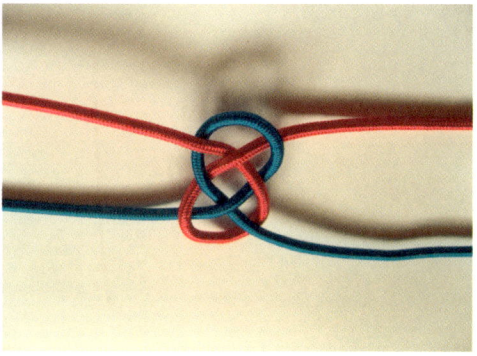

04
원하는 크기만큼 모양을 줄인다.

05

①번과 비슷한 방법으로 왼쪽 끈으로 오른쪽 끈 위에 아래에서 위쪽으로 동그라미를 만들고 풀리지 않도록 오른손으로 고정한다.

06

②, ③번과 같은 방법으로 오른쪽 동그라미 아래쪽 끈을 접어서 왼쪽 동그라미 위쪽 끈을 먼저 떠주고 동그라미 안쪽 아래의 끈을 떠준다.

07

원하는 크기만큼 모양을 줄이면서 숙지한다.

08

150cm 1줄로 책갈피 장식에 끼워 2~3cm 정도에서 두 번 감은 한줄 도래를 한다.

09
오른쪽 끈으로 왼쪽 끈 위에 아래에서 위로 동그라미를 만든다.

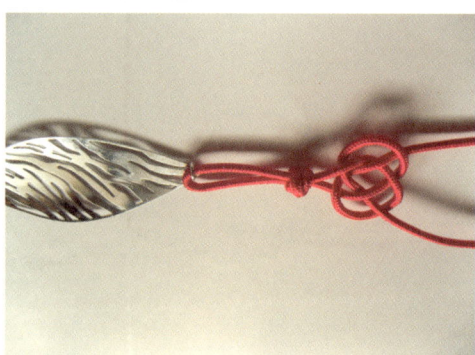

10
②번~④번처럼 원하는 크기보다 약간 크게 줄인다.

11
금색끈을 같은 길이로 준비하여 도래 아래 오른쪽에서 빨강끈 밖으로 따라가기를 한다음 왼쪽 끈으로 왼쪽 원 끈을 바깥쪽으로 따라가기를 한다.

12
⑤~⑥번처럼 매듭한다.

13
원하는 크기보다 약간 크게 줄인다.

14
⑪, ⑫번처럼 금줄로 따라 가기를 한다.

15
⑨~⑫번과 같은 방법으로 매듭한다.

16
원끈과 금줄을 함께 잡고 4줄 중 몸쪽에 있는 끈으로 두 번 감은 한줄도래를 하여 당긴다.

17
4cm 정도 남기고 각 줄마다 두 번 감은 한줄도래를 하고 자른 뒤 목공용 본드를 넉넉히 발라 끝이 풀리지 않도록 한다.

18
〈책갈피 완성〉

전통생활매듭

삼각동심결(머리끈)

준비물

매듭끈(90cm 2줄)
큐빅
머리끈
본드
가위

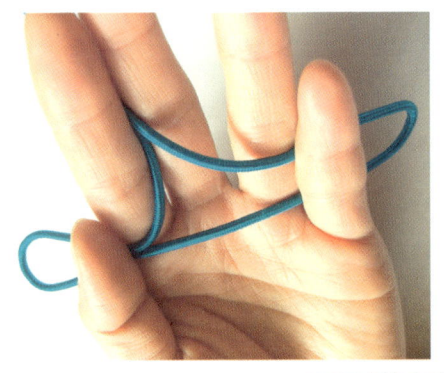

01
90cm 끈을 반으로 접어서 사진 그림처럼 왼손에 삼각형 모양을 만든다.

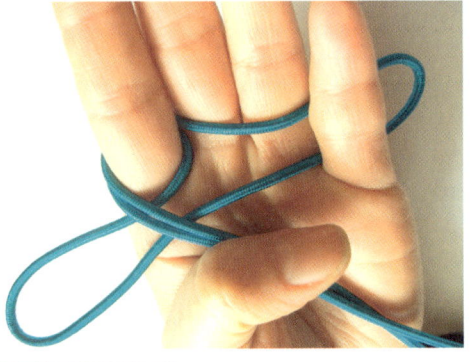

02
검지와 가운데 손가락 사이의 끈을 검지손가락을 왼쪽 방향으로 감듯 내려서 엄지손가락으로 고정한다.

03
왼손 엄지와 검지 사이의 끈을 가운데 손가락과 약지 손가락 사이에 끼운다.

04
약지와 새끼손가락 사이의 끈을 왼손 바닥으로 뺀 다음 검지손가락에 감긴 끈을 떼준다.

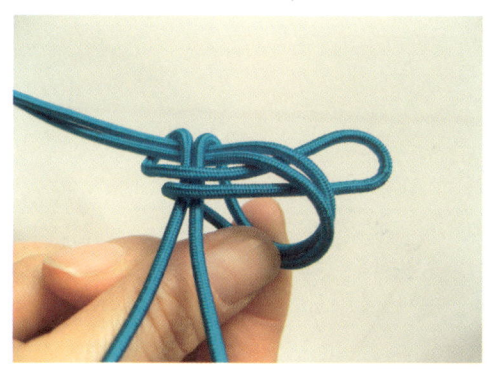

05
오른손으로 검지손가락을 감았던 두 줄의 끈을 잡고 왼손은 모두 뺀다.

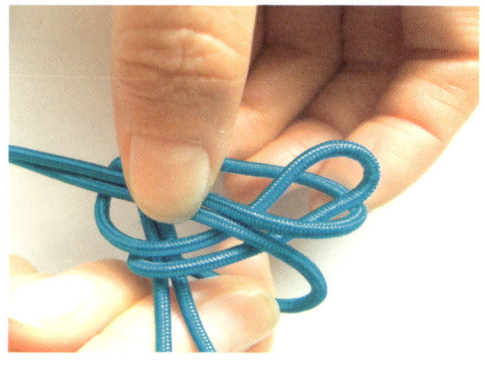

06
오른손 가락으로 잡은 두 줄 중 아래쪽 줄을 왼손으로 잡아 두 줄 사이를 벌려 준다.

07
끈을 당겨서 가운데 모양을 예쁘게 만든다.

08
시작 끈을 약 10cm 정도 남기고 원하는 크기보다 약간 크게 줄인다.

09

〈작품〉

10cm 정도 남긴 부분에서 시작하여 금줄을 바깥 쪽으로 따라가기를 한다.

10

금줄로 계속 따라가기를 한다.

11

원하는 크기만큼 줄인다.

12

시작과 끝줄 중 오른쪽의 두 줄 중 왼쪽 끈을 빼면서 뺀 자리를 따라가기하여 꽃 크기를 다른 꽃 크기만큼 만든다.

13
뒷면이 나오도록 뒤집어서 가운데 부분에서 글루 건으로 시작과 끝줄을 붙이고 필요없는 부분은 자른 뒤 머리끈장식 위에 글루건으로 넉넉히 바른다.

14
자른 부분이 보이지 않도록 중심에 머리끈 장식을 잘 붙인다.

15
앞면 중심에 '큐빅'이나 장식을 붙인다.

16
〈완성〉

17
〈실핀 완성〉

18
머리끈
끈의 굵기에 따라서
사용 용도가 달라질
수 있다.

전통생활매듭

세줄꼬기 (머리띠)

준비물

매듭끈(60cm 9줄 2색)
  (연한색-조금더 굵은 끈
  3줄, 진한색 6줄)
머리띠
본드
가위
테이프

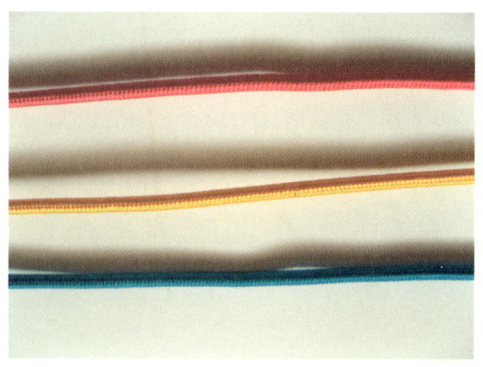

01
3가지 색 굵은 끈으로 연습하도록 준비한다.

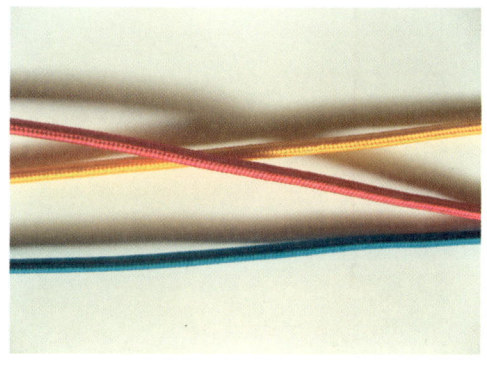

02
세 줄 중 아래쪽 빨강 한 줄을 잡고 노랑과 파랑 두 줄 사이에 잡은 한 줄을 놓는다.

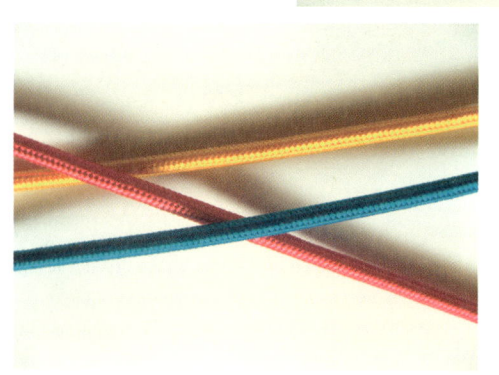

03
세 줄 중 위쪽 파랑줄을 노랑과 빨강 두 줄 사이에 놓는다.

04
색이 바뀐 아래쪽 노랑 끈을 파랑과 빨강 두 줄 사이에 놓는다.

05
같은 방법으로 계속 꼰다.

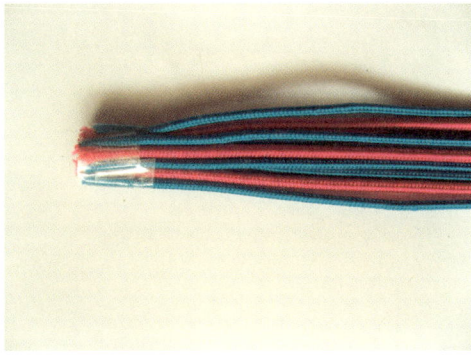

06
〈작품〉

빨강끈 3줄과 파랑끈 6줄을 준비하여 끝을 모아서 투명 테이프로 감아 고정시킨다.

07
가운데 빨강과 빨강끈 양쪽에 파랑끈 두 줄을 한꺼번에 잡아서 ①~④번처럼 꼬아 준다.

08
끝까지 계속 같은 방법으로 꼰다.

09
끝 부분은 투명 테이프으로 고정시킨다.

10
마감 테이프로 감아준다.

11
글루건을 사용하여 머리띠 위에 글루건을 바르고 매듭을 머리띠 길이만큼 붙이고 남은 부분은 자른 다음 끝을 마감 테이프으로 감는다.

12
〈머리띠 완성〉

전통생활매듭

나사선 반올림매듭

준비물

중심끈(90cm 1줄)
원줄(350cm 2줄)
구슬
본드
가위

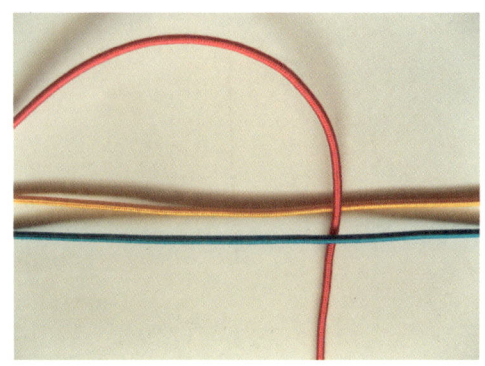

01

연습 끈 3줄을 준비하여 위쪽 빨강줄은 위쪽에 고리를 만들면서 중심 끈 위로 파란색 끈은 아래로 떠 준다.

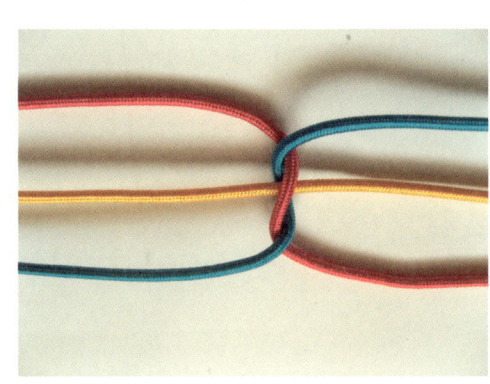

02

아래쪽에 있는 파랑끈은 중심 끈 아래로, 빨강끈은 아래에서 위로 통과하여 당긴다.

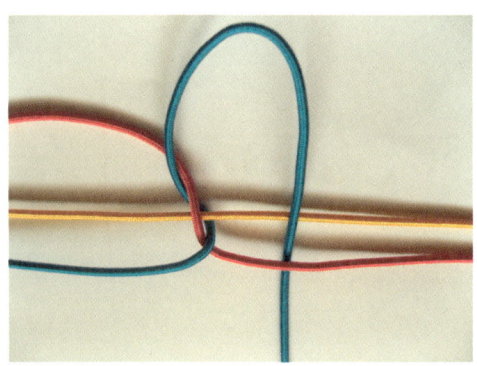

03

위에 있는 파랑색 끈으로 ①번처럼 중심 끈을 위로 지나고 아래에 있는 빨강끈을 떠 준다.

04
아래에 있는 빨강끈으로 중심의 노랑끈을 뜨면서 파랑 고리를 통과시켜 줄인다.

05
계속 반복한다.

06
계속 반복하면 나사선 모양이 된다.

07
중심 끈과 원줄을 목걸이 장식에 끼워 끈의 중간에서 시작하도록 한다.

08
끝마무리는 원하는 길이만큼 남기고 두 번 감은 한줄도래를 한다.

09
〈목걸이 완성〉

전통생활매듭

옭매듭(팔찌)

준비물

매듭끈(100cm 2줄)
중심끈(20cm 1줄)
구슬
본드
가위

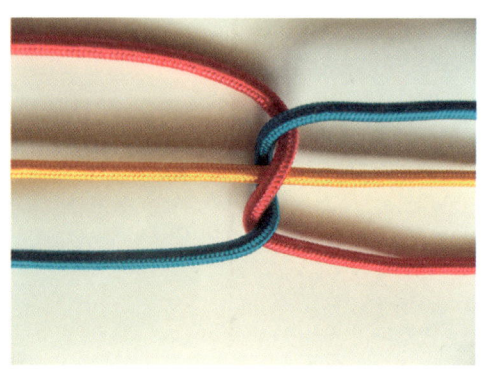

01

위에 있는 빨강끈을 중심 노랑끈 위로 지나고, 아래에 있는 파랑끈은 떠준다.

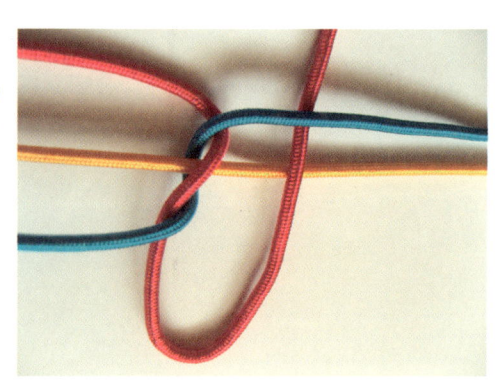

02

아래에 있는 빨강 끈으로 고리를 만들고 중심 노랑끈 위로 지나서 위에 있는 파랑끈을 떠준다.

03

위에 있는 파랑 끈으로 중심 노랑끈을 떠주고 빨강끈 고리로 아래에서 위로 통과한 다음 당긴다.

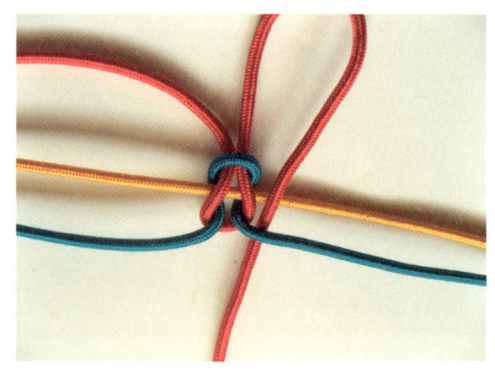

04

위에 있는 빨강끈으로 고리를 만들고 중심 노랑끈을 위로 지나서 아래에 있는 파랑끈을 떠준다.

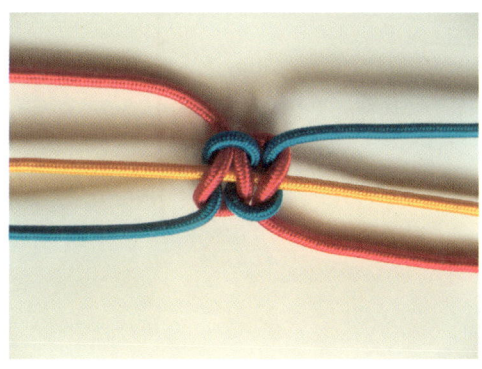

05

아래에 있는 파랑끈으로 노랑 중심끈을 떠주고 빨강 고리를 아래에서 위로 통과시켜 당긴다.

06

①번~⑤번까지를 계속 반복한다.

07

〈작품〉

100cm 2줄로 두 번 감은 한줄도래를 한 다음 약 1.8cm 정도 남기고 두 번 감은 한줄도래를 한다.

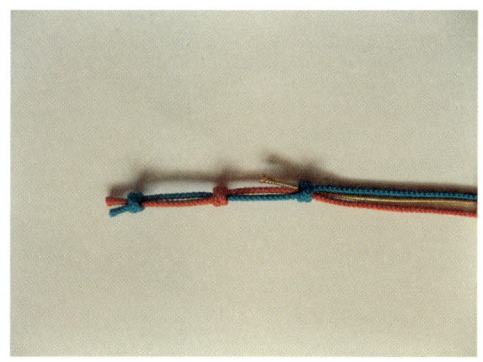

08

1.8cm 정도 남기고 두 번 감은 한줄도래를 한다.

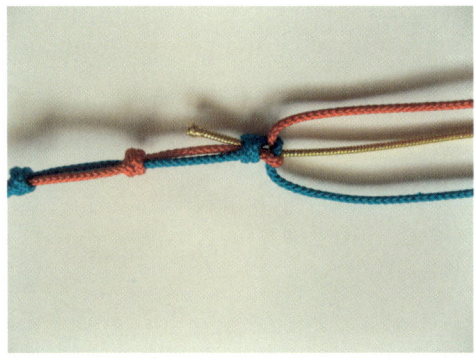

09
아래에 있는 빨강끈을 중심 노랑끈 위로 지나고 위에 있는 파랑끈은 떠준다.

10
①번~⑤번까지를 계속 반복한다.

11
5~6cm 정도가 되도록 한다.

12
중심끈에 나무구슬을 끼운다.

13
나사선 옭매듭은 네번, 옭매듭은 두 번을 하고 중심끈에 나무구슬을 끼운다.

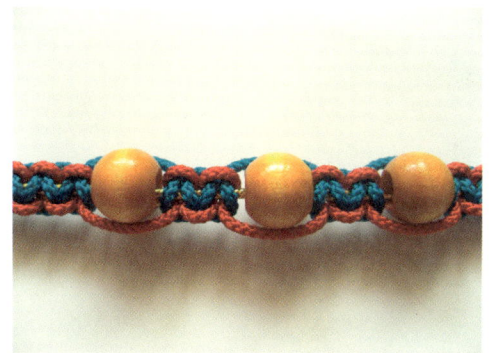

14
옭매듭은 두 번하고 구슬을 끼워 원하는 팔의 두께만큼 계속 반복한다.

15
두 번 감은 한줄도래를 1개 하고 나무구슬을 중심 끈과 원끈 두 줄 모두를 끼우고 두 번 감은 한줄도래를 한 다음 끝을 자르고 마무리한다.

16
〈팔찌 완성〉

전통생활매듭

원형정자(핸드폰고리)

준비물

매듭끈(80cm 2줄)
구슬
본드
가위

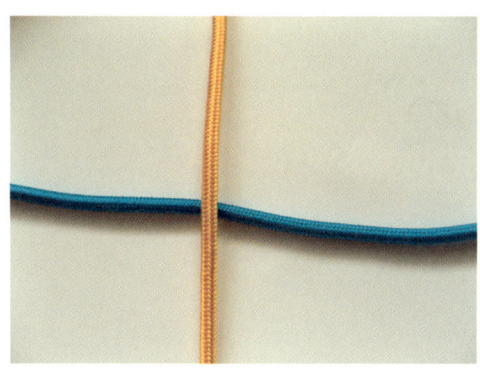

01

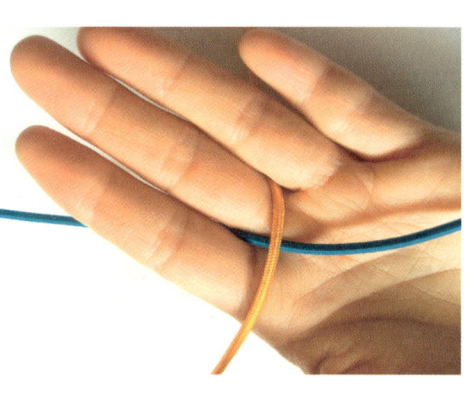

02

왼쪽 손에 그림과 같이 놓는다.

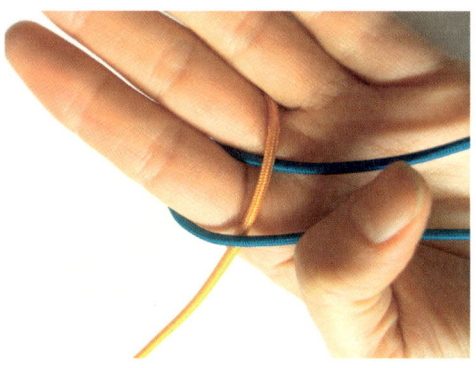

03

왼손 등에 있는 파랑끈을 왼손 검지손가락에 고리를 만들면서 감아 왼손 엄지손가락으로 고정시킨다.

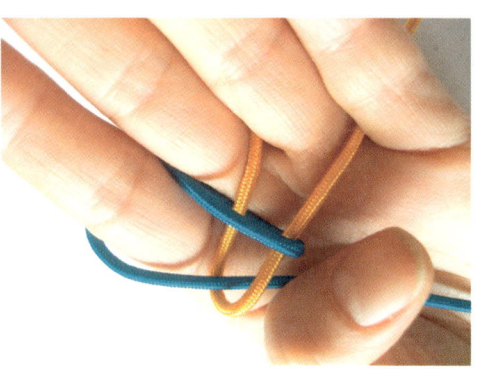

04

왼손 엄지와 검지 사이의 끝을 새끼손가락 사이에 끼운 다음 손바닥에 있는 파랑끈을 검지와 가운데 손가락 사이에 끼운다.

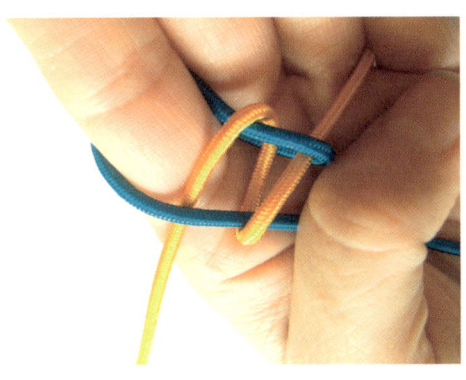

05

왼손 가운데와 약지 사이에 있는 노랑색 끈을 빼내어 ③번에서 만들었던 파랑색 검지 고리를 떠준다.

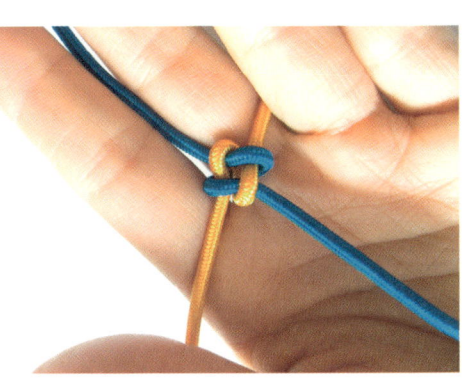

06

4줄이 된 끈을 당겨서 줄인 다음 그림처럼 손가락 사이에 끼운다.

07

손등에 있는 파랑끈으로 고리를 만들고 엄지로 고정한다.

08

엄지와 검지 사이에 있는 노랑끈을 새끼손가락 사이에 끼우고 손바닥에 있는 파랑끈은 검지와 가운데 손가락 사이에 끼운다.

09

가운데와 약지 사이에 있는 노랑끈을 빼내어 검지에 있는 파랑 고리에 끼운 뒤 왼손 전체를 빼고 당겨 줄인다.

10

〈작품〉

파랑, 빨강끈 80cm 중심에서 시작하여 ①~⑥번까지 계속 반복한다.

11

원하는 길이만큼 반복하고 4가닥의 끈을 한꺼번에 잡아 두 번 감은 한줄 도래를 하고 각각 줄에 구슬처럼 두 번 감은 한줄도래로 마무리한다.

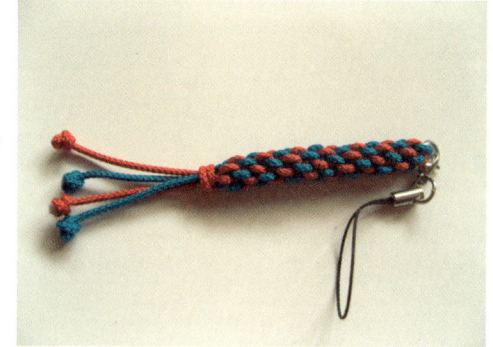

12

〈완성〉

전통생활매듭

운동화끈매기

준비물

매듭끈(100cm 1줄)
구슬
본드
가위

01
양쪽을 위에서 아래쪽 구멍으로 넣은 다음 양쪽 끈의 길이가 같도록 한다.

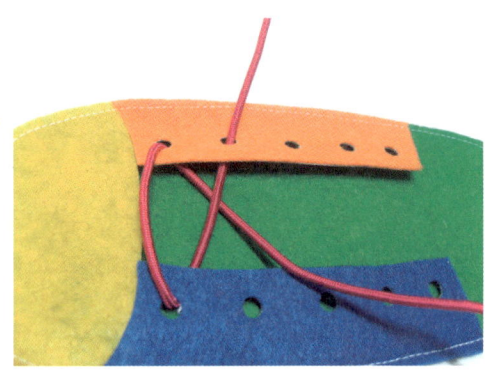

02
오른쪽 끈을 왼쪽 아래에서 위로 넣어 뺀다.

03
왼쪽 끈을 오른쪽 아래에서 위로 넣어 초록색 바닥에 'X'자 모양이 되도록 한다.

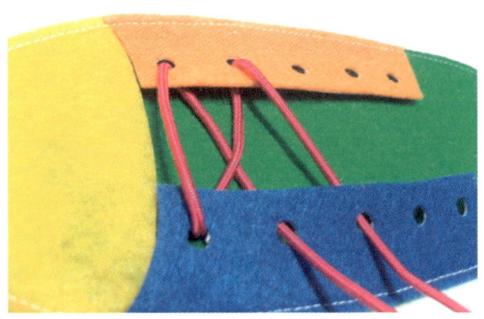

04
왼쪽 위에 있는 끈을 오른쪽 아래에서 위로 넣어 뺀다.

05
오른쪽 위에 있는 끈을 왼쪽 아래에서 위로 넣어 'X'자 모양이 되도록 한다.

06
양쪽을 한번 더 아래에서 위쪽으로 넣어 'X'자 모양이 되도록 한다.

07
두 줄을 서로 묶어서 오른쪽 끝줄이 아래로 향하게 하고 왼쪽 끝줄은 위를 향하게 한다.

08
아래쪽에 있는 오른쪽 끈으로 넉넉하게 기둥을 세운다.

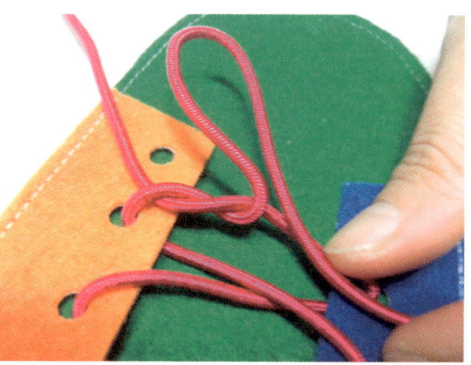

09
기둥 아래에 있는 왼쪽 끈을 기둥 뒤쪽으로 보낸다.

10
기둥 아래에 있는 왼쪽 끈을 아래 왼쪽에서 오른쪽으로 기둥을 감는다.

11
기둥을 감은 끈을 접어서 기둥 아래쪽 원으로 아래에서 위로 접어 고리를 만든다.

12
양쪽 리본을 원하는 크기만큼 남기면서 양쪽 끝줄을 당기고 조여서 풀리지 않도록 한다.

전통생활매듭

가락지(목걸이)

준비물

매듭끈(50cm 2줄) 연습용
작품(빨강 : 50cm,
주황·노랑·초록·파랑·
남색·보라 : 각 90cm,
은색 : 280cm 이상,
검정 : 540cm)
구슬, 본드
가위, 송곳

01

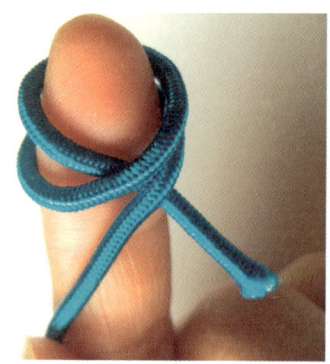

왼쪽 검지손가락에 두 번 감는다.

02

엄지손가락으로 고정하고 검지손가락을 뺀다.

03

두 원 사이에서 첫번째 감은 원 안으로 통과시킨다.

04

줄인 다음 끝줄은 다음 진행에 방해받지 않도록 왼손 위쪽에 둔다.

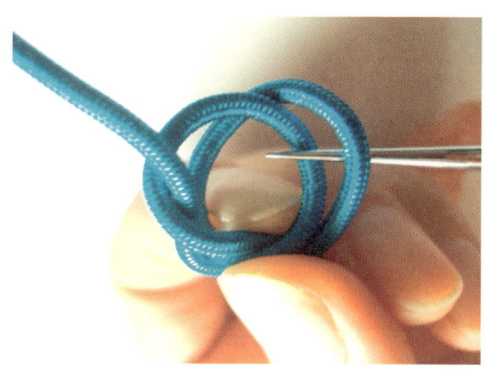

05
송곳을 사용하여 두번째 아래 원을 당겨서 첫번째 위 원을 아래쪽으로 당기면서 끈다.

06
꼬아진 모양

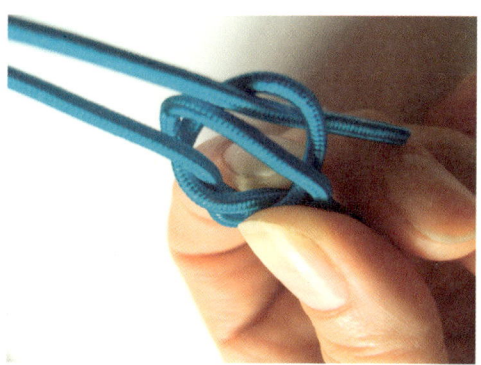

07
꼬아진 원 중간에서 아래쪽으로 통과한다.

08
끝 줄을 당긴다.

09

⑧의 엄지 손톱 앞의 'X'를 지나서 두 원 사이에서 위쪽 원(첫번째)을 통과한다.

10

끝줄을 당겨서 한줄 가락지를 완성한다.

11

다른 색으로 파랑색 끈을 처음부터 파랑끈의 오른쪽으로 따라가기 한다.

12

같은 색으로 따라가기는 처음부터 따라가지 않고 ⑪번을 생략하고 위쪽에서 시작 줄을 따라간다.

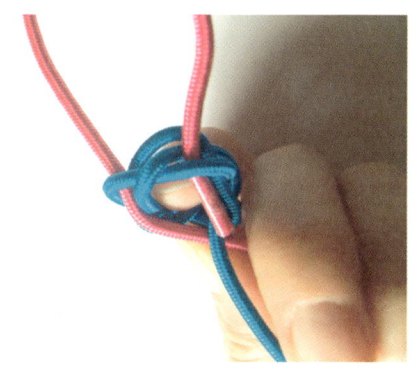

13
계속 파랑끈을 오른쪽으로 따라가기 한다.

14
가락지를 계속 돌려가며 오른쪽으로 나란히 따라가기 한다.

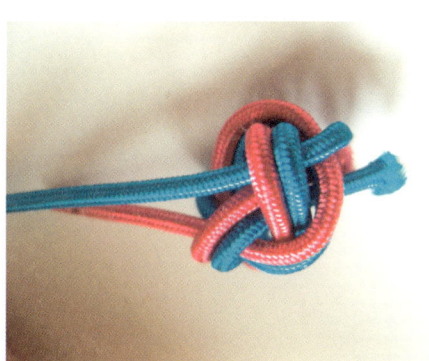

15
계속

16
계속 따라가기

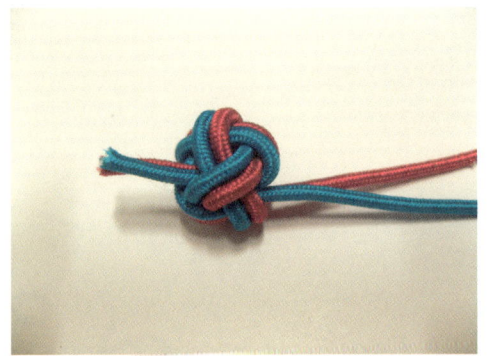

17
시작과 끝이 양쪽으로 나온다.

18
작품의 가락지 가운데 구멍은 목걸이(검정) 줄의 3배만큼 되게 한다.

19
〈작품〉

20
〈작품〉

21

빨강가락지는 1개, 나머지 주황, 노랑, 초록, 파랑, 남색, 보라는 각각 2개씩 만들고 은색은 14개를 만든다.

22

은색가락지 끝에서 두 번 감은 한줄도래를 15개 정도한다.

23

2cm 남기고 두 번 감은 한줄도래를 11개 정도 한다.

24

4~5cm 남기고 두 번 감은 한줄도래를 5개 정도 한다.

25

0.5cm 남긴다.

26

두벌가락지를 만든다.

27

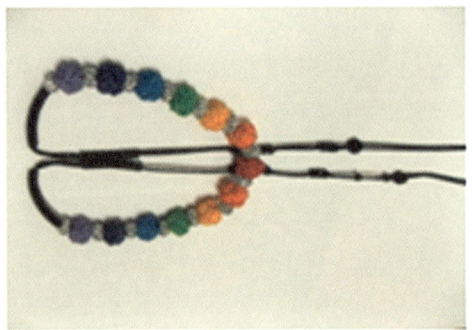

반대쪽도 ㉑번~㉖번 까지 해준 다음 1.7cm 남기고 도래 1개 1.7cm 남기고 두벌가락지를 만든다.

28

마무리하여 완성

전통생활매듭

삼각생쪽(머리핀, 반지)

준비물

매듭끈(50cm 2줄)
구슬
본드
가위

01
오른손에 왼손으로 기둥을 세우듯 긴 타원을 만들어 오른손으로 잡는다.

02
오른손에 있는 기둥을 왼쪽 끈으로 여유있게 남기고 앞쪽에서 뒷쪽으로 감아 준다.

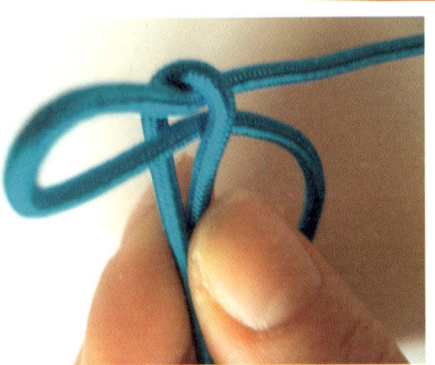

03
감은 기둥 가까이 왼손으로 잡는다.

04
오른쪽에 처음 세운 기둥을 기울여 왼손으로 잡고 있었던 끈을 사진처럼 왼손으로 잡는다.

05
오른쪽 끝 가닥으로 ③번에서 왼손으로 잡았던 끈을 떠 준다.

06
떠준 끈을 당긴다.

07
오른쪽과 왼쪽에 있는 원을 잡아 당긴다.

08
가운데 중심이 △이 되도록 한다.

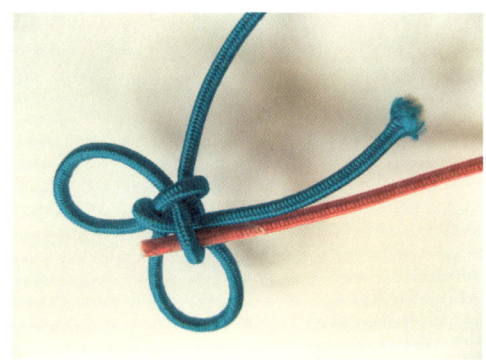

09
<작품>
다른색 끈으로 왼쪽으로 따라가기를 시작한다.

10
앞면 왼쪽에서 따라가기를 시작하여 뒷면으로 계속 따라간다.

11
앞면 삼각형을 통과시켜 두번째 동그라미 바깥쪽으로 끈을 뺀다.

12
파랑 동그라미 바깥쪽으로 따라가기를 하여 앞면 삼각형을 통과하고 나머지도 따라가기 한다.

13
앞면에서 뒷면으로 세번째 동그라미를 만들고 끝을 자른 다음 본드를 바른다.

14
완성

15
실핀 가장자리에 삼각 생쪽매듭을 글루건으로 고정한다.

16
삼각형 중심에 큐빅을 살짝 올려 붙여 완성한다.

전통생활매듭

묘오가(귀걸이)

준비물

매듭끈(90cm 1줄)
구슬
본드
가위
귀걸이핀

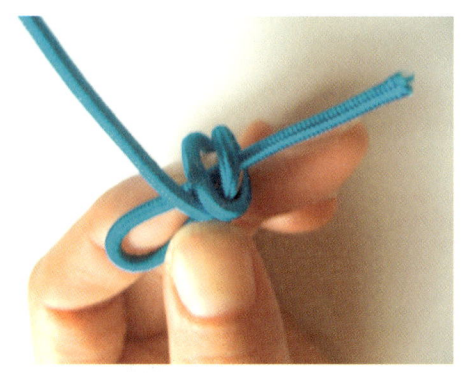

01
1줄 끝을 접어서 두 번 감은 한줄도래를 한다.

02
도래 모양을 만든다.

03
도래 아래쪽에 오른쪽에서 왼쪽으로 3cm 정도의 동그라미를 만든다.

04
도래 아래 뒤쪽으로 감아 끝줄이 앞으로 오도록 한다.

05
아래쪽 큰 원 안쪽으로 조금 작게 원을 만든다.

06
뒤쪽으로 돌리면서 ④번에서 만든 고리 아래쪽으로 돌린다.

07
③번에서 ⑦번까지를 반복한다.

08
아래쪽 원 중 마지막에 만든 원에 아래쪽으로 통과시킨다.

09
⑧번을 당긴 모양이며 원이 5~6개 정도가 예쁘다.

10 〈뒤면〉
⑨번을 뒤집은 모양이다.

11
④, ⑥, ⑦번에서 뒤로 돌린 원의 개수만큼 즉 두 번 감은 한줄도래까지 끼운다.

12
당겨 줄인 모양이다.

13
자른 곳에 본드를 바른 모양이다.

14
앞면으로 돌려서 도래밑 공간에 큐빅을 붙이고 핸드폰 고리를 달아 완성한다.

※ 본드 : 물 1:3~4로 희석하여 전체를 담고 완전히 마르기 전에 시작 줄과 끝줄을 자른다.

전통생활매듭

합장(핸드폰고리)

준비물

매듭끈(90cm 2줄)
핸드폰고리
링
본드
가위

01
두 줄을 왼손으로 함께 잡고 빨강끈으로 파랑끈을 왼쪽으로 감듯이 거꾸로 숫자 9를 만든다.

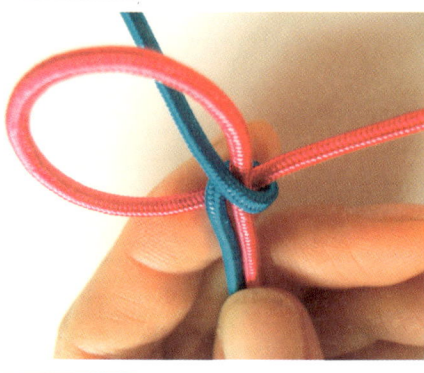

02
빨강끈이 파랑끈 아래쪽에서 "X"가 만들어진 부분을 대각선으로 뒤에서 앞으로 감아 빨강 원을 통과한다.

03
빨강 원 끝줄을 당긴다.

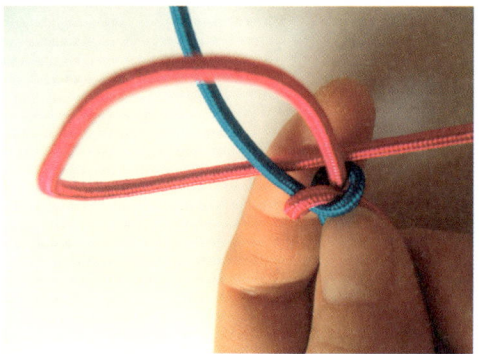

04
매듭 가까이 붙여서 다시 한번 빨강끈으로 파랑끈 아래쪽 왼쪽 방향으로 감듯이 숫자 9를 거꾸로 만든다.

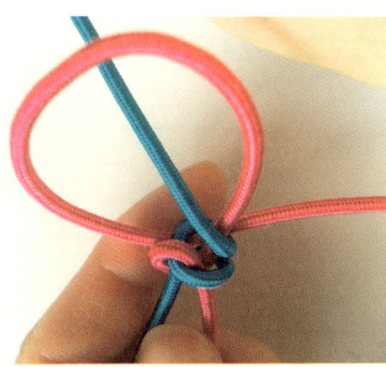

05

②번과 같은 방법으로 매듭한다.

06

④, ⑤번과 같은 방법으로 반복 숙지한다.

07

〈작품〉

90cm 2줄을 링에 10cm 정도 남기고 함께 묶는다.

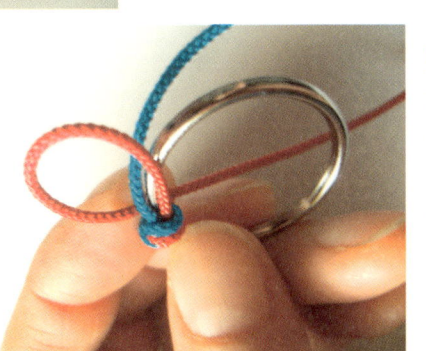

08

짧은 끈을 왼손 바닥으로 잡고 빨강끈으로 링과 함께 거꾸로 9자를 만들어 고정한다.

09
링 밑에 있는 빨강끈을 링 안으로 뺀다.

10
파랑끈으로 링과 빨강끈을 ⑤번처럼 대각선으로 감아준 뒤 빨강 원으로 통과한다.

11
빨강끈의 큰 원을 당겨 줄인다.

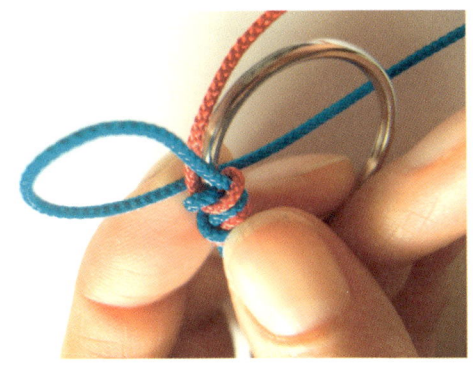

12
파랑끈으로 빨강끈과 링을 함께 감아 거꾸로 9자를 만든다.

13
⑨, ⑩번처럼 합장매듭을 한다.

14
⑧~⑪번처럼 계속 반복하고 처음 ⑦번에서 링에 묶었던 두 줄을 풀어준다.

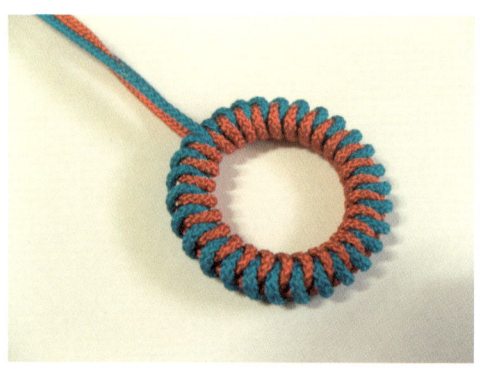

15
처음과 끝줄을 링 바깥쪽에 한 곳으로 모은다.

16
링에 가까이 한꺼번에 잡아 두 번 감은 한줄도래를 한다.

17
4줄에 원하는 길이만큼 남기고 각각 두 번 감은 한줄도래를 하고 마무리하여 완성한다.

전통생활매듭

응용

준비물

매듭끈(450cm 2줄)
구슬
본드
가위

01
가락지만들기 66쪽의 ①~④
번까지를 참고하도록 한다.

02
가락지만들기 67~68쪽의
⑤~⑩번까지를 참고하도록
한다.

03
가락지 완성

04
왼쪽의 끝줄을 오른쪽
방향으로 뺀다.

05

④번의 끝줄을 당긴 모양이다.

06

파랑끈 두 줄 사이에 빨강끈을 절반 접어서 통과한다.

07

0.5cm 정도 남기고 파랑끈으로 두 번 감은 한줄도래를 한다.

08

끈을 바꾸어 빨강끈으로 두 번 감은 한줄도래를 한다.

09
파랑끈으로 반옭매듭을 두 번(V) 한다.

10
반옭매듭을 한 번 더 한 다음 서로 끈을 바꾸어 준다.

11
끈을 바꾸어 반옭매듭을 세 번 한다.

12

같은 방법으로 계속 마주보는 쌍하트를 만들면서 원하는 길이만큼 한다.

13

두 번 감은 한줄도래를 하여 마무리를 준비한다.

14

남아 있는 각 끈으로 길이에 따라 할 수 있는 만큼을 각각 한불 도래를 한다(아홉 번 감은 한줄도래).

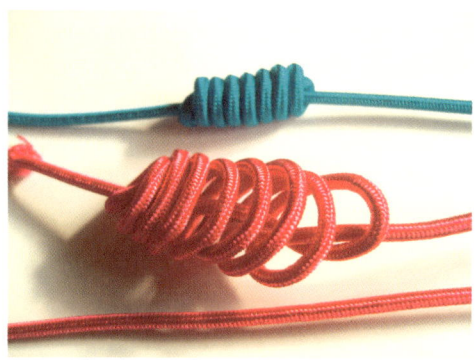

15
나머지 세 줄도 아홉 번 감은 한줄도래를 한다.

16
끝 부분을 자르고 마무리 한다.

17
벨트 완성.

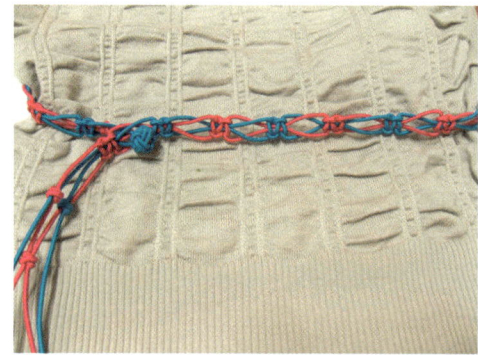

18
벨트로 응용

전통생활매듭 〈초급편〉

초판 1쇄 인쇄 | 2011년 5월 20일
초판 2쇄 인쇄 | 2014년 2월 25일

지은이 | 최 덕 순
발행인 | 윤 영 희
주 간 | 이 은 별

발행처 | 도서출판 동행
출판등록 | 제2-4991호
주 소 | 서울시 중구 을지로 3가 302-18 난빌딩 303호
전 화 | 02-2285-2734, 2285-0711
팩 스 | 02-338-2722

정가 11,000원

ISBN 978-89-94227-26-9 13630

* 본 책의 판권은 사단법인 한국전통생활매듭협회에 있음으로
  무단 전재와 복제를 금함.